AF252645

DISCOURS

PRONONCÉS AUX OBSÈQUES

DE

M. AUGUSTE MOLINIER

PROFESSEUR A L'ÉCOLE DES CHARTES

LE 21 MAI 1904

NOGENT-LE-ROTROU

IMPRIMERIE DAUPELEY-GOUVERNEUR

1904

(18)

DISCOURS

PRONONCÉS AUX OBSÈQUES

DE

M. AUGUSTE MOLINIER

PROFESSEUR A L'ÉCOLE DES CHARTES

LE 21 MAI 1904

NOGENT-LE-ROTROU

IMPRIMERIE DAUPELEY-GOUVERNEUR

1904

DISCOURS DE M. PAUL MEYER

MEMBRE DE L'INSTITUT,

DIRECTEUR DE L'ÉCOLE DES CHARTES.

Messieurs,

Celui qui vous parle a vu disparaître successivement plusieurs de ses collègues qu'il avait eus pour maîtres, puis d'autres qui étaient ses contemporains, aujourd'hui enfin il a la douleur d'adresser un suprême adieu à un collègue qui fut son élève. Auguste Molinier, en effet, entra à l'École des chartes en 1869, l'année même où je montai pour la première fois dans la chaire que j'occupe encore. Les impressions qu'on reçoit dans la jeunesse se fixent dans la mémoire avec une ténacité particulière. Je vois encore, à leurs places respectives, les jeunes gens de cette promotion. Tous n'ont pas poursuivi leurs études jusqu'au diplôme, mais plusieurs ont donné des preuves éminentes de capacité et nous ont fait honneur. L'un des plus distingués, l'un de ceux qui, dès la première année d'études, montrèrent le plus d'aptitude à nos travaux, la curiosité la plus éveillée, le goût le plus marqué pour les recherches originales, était Molinier. Il sortit le premier, en 1873, d'une promotion où, à côté de lui, se trouvaient des élèves entrés un an plus tôt à l'École, mais dont les études avaient subi une interruption par le fait de la guerre.

Sa thèse, publiée en 1874, était un catalogue raisonné, précédé d'une introduction bien conçue, des actes de Simon et d'Amauri de Montfort. Elle détermina, pour un temps, la direction de ses études. Vers cette époque, un libraire de Toulouse, faisant preuve d'un esprit d'initiative dont peu de libraires parisiens de ce temps eussent été capables, avait entrepris une nouvelle édition, sur un plan très vaste, de l'*Histoire générale de Languedoc* par dom Devic et dom Vaissète. Un de nos confrères, qu'une mort prématurée nous enleva vers la fin de l'année 1874, Émile Mabille, dirigeait en fait, sinon en titre, cette publication. Peu de temps avant sa mort, sentant ses forces décliner, il s'était associé Auguste Molinier, dont la collaboration commença avec la seconde partie (parue en 1874) du tome Ier. Après le décès de Mabille, son jeune auxiliaire devint le principal annotateur de l'ouvrage, sans en avoir toutefois la direction. La préface du tome II (1876) est signée de son nom. Ce travail épineux de revision et de correction occupa Molinier pendant de longues années. Il ne consista pas seulement en d'importantes améliorations apportées aux textes, souvent fautifs, publiés par les Bénédictins : Molinier inséra de nombreux documents inédits parmi les pièces justificatives de la première édition ; il mit au bas des pages une infinité de menues rectifications, il composa, sous le titre modeste de notes, de longs mémoires, où il trai a des sujets que les auteurs de l'*Histoire de Languedoc* avaient traités de façon insuffisante ou même complètement négligés. Certains de ces *excursus*, un peu noyés dans un immense appareil de notes et d'appendices, ont l'ampleur de véritables mémoires. Il suffira de rappeler l'Étude sur l'administration féodale dans le Languedoc, celle aussi qui a pour objet l'administration de saint Louis et de son frère Alphon e de Poitiers dans la même province (t. VII), le Mémoire sur la géographie historique du Languedoc (t. XII). Ce sont des travaux entièrement de première main, auxquels il n'a manqué, pour atteindre cette perfection que nous visons toujours et à laquelle nous arrivons si rarement, que d'avoir été rédigés plus à loisir. Le loisir, hélas ! c'est ce qui toujours a manqué à Molinier, si grande qu'ait été sa puissance de travail. Les publications faites par l'État peuvent se prolonger pendant un nombre d'années pour ainsi dire indéfini. Il n'en saurait être de même des publications entreprises par des particuliers, où le capital engagé doit être rémunéré en un temps déterminé. Il fallait donc aller vite, et, dans de telles conditions, certaines imperfections, certaines lacunes même, faciles à découvrir une fois le travail fait et publié, ne sont que trop excusables. Qui, d'ailleurs, aurait pu mieux faire? Et puis, il faut le dire, parce qu'il n'y a là rien que d'honorable pour notre regretté ami, Molinier n'avait aucune fortune, et il eut, très jeune, des charges de famille dont il ne parlait pas, que ses plus intimes amis soupçonnaient à peine. Peu ambitieux, étranger à toute intrigue, ce n'est qu'assez tard qu'il obtint une situation, non pas brillante, mais suffisante. Il lui fallut donc, pour vivre, se livrer, pendant des années, à des travaux d'ordre secondaire qui absorbaient une partie du temps qu'il eût voulu consacrer à l'étude. Et cependant, tels étaient son ardeur au travail, son désir de se perfectionner, de s'initier à des méthodes nouvelles, d'augmenter la somme de ses connaissances, qu'il trouvait le temps, à une époque où il n'était plus un simple étudiant, de développer en tous sens son instruction. Il appartenait à cette génération qui, élevée au milieu de nos désastres, avait appris à prendre la vie au sérieux. Il voyait clairement qu'une des causes de nos malheurs était l'ignorance où l'on avait été, en France, des progrès de tous genres réalisés chez nos voisins. Au moins en ce qui concerne les sciences historiques, il avait voulu s'élever au niveau qui avait été atteint à l'étranger ; au prix de quels efforts! ceux-là seuls qui furent les témoins de sa vie pourraient le dire.

Avant même que ses travaux relatifs à l'*Histoire de Languedoc* eussent pris fin, il montra en des genres très divers une variété et une profondeur de connaissances qui étonnent. Surnuméraire d'abord, puis employé rétribué à la Mazarine, il s'appliqua à rédiger le catalogue des manuscrits de cette bibliothèque, et il le rédigea de la façon la plus satisfaisante. Ce genre de travail est trop peu apprécié, même dans le monde des érudits. C'est qu'il y a peu de personnes qui sachent se rendre compte de ce qu'il faut savoir pour mener à bien la description d'une collection de manuscrits où abondent les ouvrages anonymes, souvent inédits ou même tout à fait inconnus, où les textes sont parfois incomplets, et d'autant plus difficiles à identifier. Je n'hésite pas à dire, pour avoir pratiqué beaucoup de catalogues, que celui de la Mazarine est l'un des plus parfaits que je connaisse, et j'en dirai autant des catalogues moins importants qu'il a rédigés pour le recueil général des catalogues des manuscrits des départements publiés sous les auspices du ministère de l'Instruction publique.

Dans une œuvre de ce genre, on peut faire preuve d'érudition et de méthode; il n'y a guère lieu d'y émettre des idées personnelles. Molinier, cependant, était riche en idées. Il avait réfléchi sur tous les sujets vers lesquels l'entraînait sa vaste curiosité. On le vit bien lorsqu'il publia sur Pascal, notamment sur les *Provinciales*, des travaux qui font époque. Ce fut à peu près sa seule excursion dans l'étude de ce qu'on appelle les temps modernes. Mais ceux qui ont été en rapports journaliers avec lui savent combien il était instruit de matières variées sur lesquelles il n'a rien écrit.

Longtemps avant d'occuper à l'École des chartes la chaire des Sources de l'Histoire de France, il avait donné mainte preuve de son aptitude à publier et à commenter les chroniques du moyen âge. Je rappelle en passant l'édition, qu'il donna, en collaboration avec son frère Émile, de la *Chronique normande* (1882) et celle de Suger (1887), qui est un modèle. Et, quand, en 1875, le comte Riant fonda la *Société de l'Orient latin*, dont il fut à la fois le créateur et le principal ouvrier, il ne trouva pas de collaborateur plus actif ni mieux préparé qu'Auguste Molinier.

Lorsque, en 1893, il succéda, dans l'enseignement des Sources de l'Histoire de France, au regretté Siméon Luce, mort lui aussi avant d'avoir achevé son œuvre, il se donna pleinement à cet enseignement qui lui plaisait, et pour lequel il se trouvait avoir amassé tant de matériaux, sans se douter qu'un jour il aurait à les utiliser dans un cours. Il y apporta la conscience, le dévouement au devoir professionnel qu'il avait mis à remplir ses fonctions de bibliothécaire. Dès lors ses études se concentrèrent plus particulièrement sur l'Histoire de France. Tout en continuant sa collaboration intermittente au Catalogue général des manuscrits des départements, où les volumes auxquels il a mis la main se reconnaissent facilement, tout en rédigeant ses chroniques sur les livres nouveaux pour la *Revue historique* de M. G. Monod, il entreprenait des travaux de longue haleine qui avaient pour objet la mise au jour de documents inédits de notre histoire. De 1894 à 1902, il publia, en deux volumes, la Correspondance administrative d'Alphonse de Poitiers. Vers le même temps, il commençait, avec M. Longnon, une vaste publication, celle des *Obituaires de la France*, rangés par diocèses. Il y était bien préparé, puisqu'il avait obtenu, en 1887, le prix ordinaire de l'Académie pour un mémoire sur ce genre de documents. Certes, il n'espérait pas voir la fin de la Collection des obituaires, tant la matière est abondante. Il pouvait du moins espérer accomplir une grande partie de la tâche. Il en a publié le premier volume, contenant plus de 1300 pages de texte. Le second tome est sous presse.

Molinier était de ceux qui pensent que chaque professeur a le devoir de contribuer à l'avancement et à la propagation de la science qu'il est chargé d'enseigner. Il ne lui suffit pas d'y contribuer par des travaux spéciaux : il voulut faire pour les sources de l'Histoire de France un manuel qui fût, pour notre pays, ce qu'étaient pour l'Allemagne les *Deutschlands Geschichtsquellen* de Wattenbach, c'est-à-dire un inventaire critique, classé chronologiquement, des annales, chroniques, biographies et documents divers qui sont la base de notre histoire. Ce manuel, développement de ses leçons de l'École des chartes et pourvu d'une bibliographie abondante qui ne saurait prendre place dans un cours, il en a publié les quatre premiers volumes de 1902 à 1904; le quatrième, qui s'arrête à l'année 1461, vient de paraître. Un cinquième, entièrement rédigé, doit conduire l'exposé jusqu'à 1494, les autres parties du Manuel (jusqu'à 1815) étant confiées à d'autres érudits. Un livre pareil se juge à l'usage. Ceux qui l'ont pratiqué l'ont toujours trouvé au courant des dernières recherches et en ont loué la commode ordonnance, l'exposé toujours clair et précis, les vues originales. Cet ouvrage sera pendant longtemps le livre de référence des historiens du moyen âge français.

Ceux qui ont pénétré dans l'intimité de Molinier, qui ont pu apprécier la rectitude de son jugement, son amour de la vérité, son horreur de l'injustice, qui ont été témoins de l'impatience qu'excitaient en lui les faux raisonnements, les petites habiletés avec lesquels trop souvent on cherche à masquer la vérité sans aller jusqu'à la fausser, ne s'étonnèrent pas de le voir se joindre avec décision à ceux, en petit nombre, qui firent, il y a quelques années, des efforts, maintenant près d'aboutir, en vue d'obtenir la révision du jugement qui avait condamné le capitaine Dreyfus à la réclusion perpétuelle. Il est maintenant aisé de parler avec sang-froid de cette douloureuse affaire qui a divisé, pour un temps, la France en deux partis opposés, on pourrait dire ennemis. Le calme a succédé à une agitation d'autant plus violente qu'elle était factice. Mais, en 1898, il fallait un certain courage à un fonctionnaire non inamovible pour oser prendre position dans les rangs du parti numériquement le plus faible, ayant contre soi la masse des ignorants, des crédules et des snobs, qui partout forment la majorité. Le moins qu'on y risquait était d'être en butte aux accusations, aux calomnies des inconscients et des fourbes. Molinier subit ces assauts avec courage, sinon toujours avec sang-froid, comme son ami Giry, qui en est mort, ressentant surtout les attaques d'hommes pour qui il avait eu jusque-là estime et sympathie. Il y a là dans l'histoire de sa vie un bel épisode que devait rappeler celui qui a été le témoin de ses angoisses et de ses sentiments de révolte indignée.

L'École des chartes perd en Molinier un professeur dévoué qui exerçait sur ses élèves une action efficace, non pas seulement par les qualités techniques de son enseignement, mais par cette incitation à la recherche indépendante qu'il savait éveiller en eux et dont il leur donnait l'exemple. Je n'ai pas besoin de dire quelle profonde émotion s'est emparée de ceux qui l'ont connu lorsqu'ils ont été informés de la mort si subite de cet homme loyal, généreux, modeste aussi, car il faisait peu de cas des titres et il reculait sans cesse le moment où il devrait se présenter à l'Institut, où cependant il avait des amis dévoués. Ceux-là même qui ne l'ont connu que par ses écrits seront douloureusement affectés en voyant s'interrompre brusquement la carrière d'un savant qui était en progrès constant et de qui on pouvait espérer encore de nombreuses œuvres pour le profit de la science et pour l'honneur du pays.

DISCOURS DE M. JULES ROY

PROFESSEUR A L'ÉCOLE DES CHARTES,

PRÉSIDENT DE LA SOCIÉTÉ DE L'ÉCOLE DES CHARTES.

Messieurs,

Au nom de la Société des anciens élèves de l'École des chartes, j'apporte, avec un dernier adieu, l'hommage de nos regrets unanimes à l'excellent confrère qui nous a été si soudainement ravi, au collaborateur dévoué qui nous a donné pendant tant d'années son précieux concours, à l'ami sûr et droit auquel resteront indissolublement attachés tous ceux qui avaient pénétré dans son cœur si vaillant et si bon. La nouvelle de sa mort a été reçue parmi nous avec une vraie consternation, et il m'est impossible de dire toute la vivacité et toute la sincérité de la douleur que nous avons ressentie. La disparition d'un homme aussi laborieux, d'une vigueur d'esprit aussi intense, de qualités intellectuelles et morales aussi élevées, creuse un vide difficile à combler dans la variété des œuvres auxquelles il prenait part et dans les relations professionnelles où il mettait tant de franchise et de simplicité. M. Paul Meyer, interprète ému et éloquent de l'École des chartes, vous a dit ce que cette École perd en lui; notre Société n'est pas moins éprouvée, et si, après le discours rempli de faits saillants que vous venez d'entendre, je ne puis vous dire longuement tous les titres qu'avait Auguste Molinier à son estime, je veux au moins vous dire brièvement comment il a su la servir et l'honorer.

Sorti de l'École des chartes en 1873, le premier d'une promotion déjà décimée et tout récemment éprouvée par la mort d'Ulysse Robert, il contracta de suite avec l'érudition une alliance à laquelle il a voué sa vie et à laquelle il est resté fidèle jusqu'à son dernier jour. Il eut de bonne heure l'ambition de marquer sa place dans cette *Bibliothèque de l'École des chartes*, qui est si bien le signe et l'honneur de notre vie, et, de 1880 à 1900, il est peu de volumes où il n'ait pas inséré quelque mémoire ou quelque article de critique. Son activité et son zèle ne

pouvaient manquer d'attirer l'attention de nos confrères, qui le nommèrent deux fois secrétaire de la Société et qui lui ont sans cesse
renouvelé le titre de membre de la Commission de publication des
Mémoires et Documents. C'est un de nos chers disparus, Arthur Giry,
qui avait donné l'impulsion à cette publication qui nous fait tant
d'honneur; c'est Auguste Molinier qui a contribué à continuer l'œuvre
avec la même intelligence et le même succès; c'est aux soins et à la
méthode de ces deux savants que reviendra le mérite originel d'une
collection qui a déjà conquis sa place dans l'estime du monde de l'érudition et dont la renommée ne fera que s'accroître. Bien qu'étrangère
à notre Société, la publication de la *Collection de Textes pour servir à
l'étude et à l'enseignement de l'histoire* doit être mentionnée parmi les
créations où s'est également fait sentir l'influence de nos deux confrères, qui ont apporté là aussi la rigueur de leur méthode, et, sans
parti pris pour ou contre n'importe quel auteur, n'ont admis que les
textes bien établis et ont rejeté tous ceux qui, par défaut de composition, ne pouvaient qu'être nuisibles aux étudiants. Combien plus
encore Auguste Molinier a mérité de nous par sa *collaboration au
Catalogue général des manuscrits des bibliothèques publiques*! Cette
collection, qui est publiée aux applaudissements des érudits de l'Europe
entière, lui doit plusieurs volumes, et ici il n'a pas seulement le
mérite d'avoir exécuté un travail des plus minutieux qui exige une
exactitude parfaite dans tout le détail, *il a encore celui d'avoir montré
à ceux qui se plaignent de nous sans nous connaître ou sans se renseigner, que le sentiment du devoir professionnel n'a pas cessé un seul
jour d'être en vigueur à l'École des chartes*; que, si son enseignement
fournit d'illustres savants, il forme en même temps des archivistes et
des bibliothécaires du plus haut mérite qui savent inventorier et
mettre à la disposition du public toutes nos richesses historiques depuis
les temps les plus reculés jusqu'à nos jours. Comme tant d'autres,
Auguste Molinier a établi une fois de plus ce fait par ses travaux, et il
a prouvé une fois de plus que l'École des chartes est toujours restée
*fidèle à la mission qui a été la raison de son origine et qui doit assurer
sa durée.* Personne aussi n'a été plus jaloux que notre confrère de la
conservation des modestes droits que plusieurs lois, décrets, arrêtés,
règlements administratifs ont assurés à nos élèves, et il a tenu à les
défendre à ses risques et périls quand il les a vus compromis ou
menacés. Sa part d'action dans un modeste comité de défense scientifique fait autant d'honneur aux idées de justice qui l'animaient qu'à
l'ardent souci qu'il avait des intérêts de nos jeunes générations. —

A ces titres, plus que suffisants pour justifier notre douleur,
combien j'aurais à ajouter si j'entrais dans le détail des travaux
d'Auguste Molinier. Il est mort chargé de couronnes! Le nombre en

est grand, et cependant il ne paraissait pas être arrivé au terme de ses succès; l'achèvement de l'*Histoire des sources de l'histoire de France* lui réservait vraisemblablement de nouvelles et de plus glorieuses récompenses. Jusqu'à ce jour, il avait obtenu deux fois le second prix Gobert, deux fois le prix Brunet, le prix du budget, une médaille au concours des Antiquités nationales. Au prix de quel labeur! Il s'était attaché notamment à débrouiller l'histoire et les institutions de ce Languedoc, qui a tenu de tout temps une si grande place dans notre vie nationale, et, pour y projeter un peu de lumière, il a eu à mettre en ordre ou au jour des matériaux infinis et à réformer bien des idées fausses; aussi, la connaissance des institutions du midi de la France a beaucoup gagné à ses dissertations sur le régime féodal primitif et sur l'administration de saint Louis. Sa bibliographie du Languedoc, œuvre encore inédite, a été signalée par l'Académie des inscriptions comme un travail également très recommandable, où il a consigné les renseignements les plus précieux en écrivain parfaitement maître de son sujet. Sa géographie historique de cette même province a nécessité l'examen de milliers de renseignements épars, contradictoires ou suspects, pour répandre quelque lumière sur un réseau de circonscriptions administratives qui ont subi de nombreux remaniements depuis l'époque romaine jusqu'aux temps modernes.

Outre ces travaux sur le Languedoc, l'Académie des inscriptions a récompensé aussi les œuvres suivantes d'Auguste Molinier : la *Chronique normande,* publiée pour la Société de l'Histoire de France, dont le morceau capital est un sommaire raisonné qui relève, en les contrôlant par les autres témoignages, tous les détails historiques, biographiques ou géographiques mentionnés par le chroniqueur; un mémoire sur la méthode selon laquelle doit être étudié, préparé pour l'impression un ancien obituaire, mémoire qui servira de règle à tous ceux qui auront à entreprendre des publications d'obituaires; enfin, le premier fascicule de l'*Histoire des sources de l'histoire de France,* qui restera un manuel excellent et précieux pour tous les travailleurs et qui à lui seul suffirait à honorer un nom à l'égal des meilleurs auteurs de bibliographies.

Nous souhaitions pour Auguste Molinier la récompense suprême par son entrée dans celle des Académies de l'Institut qui le connaissait tout autant par ses travaux qu'elle avait couronnés que par la collaboration qu'il lui donnait en sa qualité d'auxiliaire. La mort a trompé nos espérances; mais notre Société n'en restera pas moins fière de lui, honorée par son œuvre, désolée de l'avoir vu terrassé sur sa tâche inachevée. Elle gardera le souvenir de son érudition vaste et solide, de son sens critique si pénétrant, de sa présence d'esprit et de l'équité de ses jugements dans la discussion, de son dévouement toujours prêt, du sentiment de la justice et de l'amour de la vérité qui ont réglé toutes ses convictions et inspiré tous ses travaux. Elle aimera à redire son nom parce que nul n'a travaillé avec plus de conscience à la recherche du vrai; elle conservera sa mémoire avec attendrissement parce que nul n'était plus digne de trouver un peu de bonheur dans une longue vie et de nous donner une nouvelle moisson de gloire après des succès qui nous faisaient déjà tant d'honneur!

sentiment de la justice et de l'amour de la vérité qui ont réglé toutes ses convictions et inspiré tous ses travaux. Elle aimera à redire son nom parce que nul n'a travaillé avec plus de conscience à la recherche du vrai; elle conservera sa mémoire avec attendrissement parce que nul n'était plus digne de trouver un peu de bonheur dans une longue vie et de nous donner une nouvelle moisson de gloire après des succès qui nous faisaient déjà tant d'honneur!

DISCOURS DE M. A. VIDIER

DE LA BIBLIOTHÈQUE NATIONALE,

AU NOM DES ANCIENS ÉLÈVES DE M. MOLINIER.

Au nom des anciens élèves d'Auguste Molinier, j'apporte ici l'expression de la douleur que nous cause sa disparition soudaine, j'apporte aussi le témoignage suprême de notre reconnaissance.

Pour avoir été la période la plus courte de sa vie publique, les dix années de professorat de notre regretté maitre n'ont cependant pas été les moins fécondes.

Si nous n'avons pas connu le Molinier de l'*Histoire de Languedoc*, ni celui de l'*Orient latin ;* si nous l'avons à peine entrevu dans l'achèvement du Catalogue général des manuscrits, par contre, nous l'avons possédé pendant ce lustre, où, doublant les étapes de son labeur d'érudit, il donnait successivement deux volumes d'*Alphonse de Poitiers,* deux volumes d'obituaires, quatre fascicules de ses *Sources de l'histoire de France* et un mémoire, encore inédit, sur Vincent de Beauvais. Et, tandis que de son cabinet de travail sortait cette abondante production, il prodiguait dans sa chaire de l'École des chartes les bienfaits d'un enseignement dont son manuel presque achevé marque bien toute la haute valeur scientifique.

Si, de l'aveu de tous, cet enseignement fut savant, c'est à nous, ses anciens élèves, qu'il appartient de proclamer combien aussi il fut profitable.

La connaissance approfondie qu'Auguste Molinier avait des sources de notre histoire nationale lui permettait de reconnaitre, entre les écrits les plus divers, les liens de parenté qui déterminent leur importance historique ; la finesse de son esprit lui faisait apercevoir entre les lignes de leurs écrits les sentiments et les passions des auteurs dont les historiens ont à utiliser les relations ; sa vaste culture intellectuelle, enfin, lui permettait d'apprécier la juste valeur littéraire des œuvres historiques qui servaient de thèmes à ses leçons.

Et, ainsi, la science de ce maître éminent, servie à la fois par une intelligence d'une extraordinaire vivacité et par un grand amour des matières sur lesquelles portait son enseignement, transformait en un délicat exposé historique et littéraire les divers articles d'un programme aux apparences les plus arides.

Auguste Molinier nous a beaucoup appris; il a su, par la façon dont il enseignait, nous procurer, alors même qu'il s'agissait de préparer des examens, un très vif plaisir à apprendre. Et pourtant, si grandement que nous soyons en cela ses obligés, ce n'est point peut-être encore pour la science même qu'il nous a donnée que nous lui devons le plus. Ce qui assure encore mieux à sa mémoire toute notre reconnaissance, c'est le sentiment que nous avons de l'action profonde exercée par son esprit, aussi sain que délicat, sur nos jeunes intelligences. C'est lui qui nous a initiés aux recherches scientifiques, c'est lui qui nous a révélé, au premier jour, cette solide et rigoureuse méthode historique à laquelle notre École doit, depuis trois quarts de siècle, sa réputation.

Personne mieux que Molinier, personne aussi mieux qu'un autre de nos maîtres, Arthur Giry, dont le nom est pour nous inséparable de celui de l'homme que nous pleurons aujourd'hui, personne mieux qu'eux deux n'a mieux servi la cause de l'érudition et celle de l'École des chartes, car tous deux ont non seulement bien enseigné, mais encore tous deux ont formé des élèves. Et, quand le renouvellement des promotions changeait leurs auditeurs, ils faisaient à quelques-uns de ceux qui quittaient l'École le très grand honneur de devenir leurs amis. Si une pareille faveur procurait à ceux qui en étaient l'objet une joie profonde et leur donnait un légitime orgueil, elle leur préparait aussi, hélas! la grande affliction de les voir l'un et l'autre trop tôt et soudainement disparaître.

La désolation où nous plonge l'irréparable malheur qui nous réunit ici ne saurait trouver d'autre dérivatif que l'ardent souci de faire honneur à la mémoire d'un maître regretté et de nous réclamer toujours des enseignements de sa vie toute de travail et de sincérité. Puisse l'expression de nos sentiments donner à sa famille si cruellement frappée l'assurance qu'Auguste Molinier avait su inspirer autour de lui de réelles affections et l'espoir que son souvenir ne s'effacera pas dans la mémoire de ceux qui ont eu le bonheur de l'approcher!

DISCOURS DE M. PIERRE QUILLARD

AU NOM DE LA LIGUE DES DROITS DE L'HOMME.

Messieurs,

M. Francis de Pressensé avait tenu à honneur de saluer ici une der-
nière fois, au nom de la Ligue des Droits de l'homme, notre collègue,
ami et maître Auguste Molinier; en son absence, à l'improviste, moins
éloquemment que lui, mais avec une émotion aussi profonde, je viens
apporter à la famille d'Auguste Molinier, à tous ceux qui l'ont connu
et aimé l'hommage de notre douleur.

Il fut, en un moment tragique, de ces hommes « que n'aveuglaient ni
l'intérêt personnel ni la passion politique sectaire, » comme il définis-
sait, avec un modeste orgueil, dans son suprême mémoire sur les dépositions de M. Bertillon, les défenseurs de la justice et de la vérité.

Selon la même méthode critique qui lui avait permis de reprendre,
de rectifier et de renouveler l'*Histoire du Languedoc* de Dom Vaissète
et de Dom Devic, comme au début de l'autre siècle Daunou avait repris
et continué l'*Histoire littéraire de France;* selon la même méthode critique qui lui avait permis, à vingt-sept ans, de reconstituer en leur
ordre logique et naturel les *Pensées* de Pascal, il avait examiné, sur la
demande de Bernard Lazare, mort lui aussi, hélas! le bordereau rédigé
par Esterhazy et attribué criminellement à Alfred Dreyfus; et, ayant
établi la vérité, il n'admettait point qu'aucune autorité sociale lui pût
interdire de la proclamer, que ce fût l'Église romaine, l'État-major ou
l'intérêt du parti de l'ordre et des honnêtes gens.

Quelques-uns s'étonnèrent alors que des paléographes eussent l'arro-
gance de se prononcer lorsqu'avaient parlé les généraux; et des acadé-
miciens, à qui un trop assidu commerce avec Bossuet faussa l'esprit,
estimèrent que l'exégèse des profanes était également dangereuse quand
elle s'appliquait à l'armée ou quand elle s'attaquait à la Bible; et sim-
plement pour avoir défendu dans la vie publique d'aujourd'hui les
saines méthodes critiques qui lui servaient à étudier les âges passés,

Auguste Molinier se trouva rangé parmi ceux que l'on appelait avec un pareil mépris haineux des intellectuels, des traîtres ou des vendus.

Sans ostentation, mais aussi sans prudente réticence, avec cette discrète énergie qui fit l'unité de sa vie, il soutint, dans le tumulte du procès Zola, en face des faussaires galonnés et des juges civils qui défaillaient à leur devoir, la thèse du bon sens parmi les clameurs des cannibales qui hurlaient à la mort.

Et cependant son immense labeur ne s'interrompait pas et il travaillait à ce *Manuel des sources de l'Histoire de France,* qui demeure, avec le *Manuel de diplomatique* de Giry, son prédécesseur dans notre comité central, l'une des plus fortes œuvres de l'érudition française contemporaine.

Molinier! Giry! ce n'est point par hasard que ces deux noms sont unis dans mon souvenir, et je me reporte aux heures mauvaises, aux heures tristes et fiévreuses du procès de Rennes, alors que, chaque soir, dans la bonne hospitalité d'une maison amie, Molinier et Giry, avec une passion qui laissait intact leur sens critique, discutaient les dépositions, découvraient les nouveaux mensonges, souffraient des nouveaux crimes accomplis sous nos yeux; ils n'en rendaient pas responsables les hommes seuls, mais les préjugés féroces qui leur enlèvent l'usage de la simple raison et qui transforment en bêtes forcenées tous les servants de l'autorité, et je me rappellerai à jamais les instants où Auguste Molinier confrontait à la rayonnante sagesse des Hellènes, qui naquit à nouveau avec les humanistes du xve et du xvie siècle, les grandes ténèbres du moyen âge et, pour redire l'anathème de Leconte de Lisle, les

> Hideux siècles de foi, de lèpre et de famine
> Que le reflet sanglant des bûchers illumine.

Aussi n'est-ce pas avec de vaines plaintes que je le salue au seuil de l'irrévocable nuit où s'évanouissent et disparaissent les dolentes générations des hommes; mais elle ne peut anéantir la pensée de ceux qui furent sages, justes et bons, et elle n'abolira pas en nos mémoires fidèles son souvenir et son exemple.

Nogent-le-Rotrou, imprimerie DAUPELEY-GOUVERNEUR.

www.ingramcontent.com/pod-product-compliance
Lightning Source LLC
LaVergne TN
LVHW051149060726
842526LV00006B/2298